SONNE
VENUS
MARS
SATURN
NEPTUN

DIESES BUCH GEHÖRT

Duden

Dein Lesestart

WELTRAUM

CEE NEUDERT

Dudenverlag
Berlin

ENTDECKE DIE UNENDLICHEN WEITEN DES WELTRAUMS

Finde den Unterschied zwischen Sternen und Planeten heraus und lerne das Leben auf einer Raumstation kennen.
Wer weiß, vielleicht unternimmst du ja auch eine Reise ins All, wenn du einmal erwachsen bist?

INHALT

WELTRAUM:

DIE GROßE WEITE

AUSFLUG IN DEN WELTRAUM

Der Weltraum beginnt 100 Kilometer über deinem Kopf – dort, wo die Lufthülle der Erde dünner wird. Sterne, Planeten, Monde: Alles schwebt durch den Weltraum. Auch der Planet Erde.

Nur wenige Menschen haben bisher einen Ausflug in den Weltraum gemacht. Das ist jedes Mal ein Abenteuer!

WELTRAUM ist der leere Raum zwischen den Sternen und Planeten und den anderen Himmelskörpern.

DIE LUFTHÜLLE umgibt die Erde wie ein Mantel.

Im Weltraum ist es nämlich ganz anders
als auf der Erde:
Es gibt keine Luft zum Atmen.
Alles schwebt.
Forscherinnen und Forscher müssen
einen Raumanzug tragen.
So sind sie vor Hitze, Kälte und
herumfliegenden Teilchen geschützt.

LUFT ist unsichtbar.
Aber du kannst sie spüren,
zum Beispiel als Wind.

HERUMFLIEGENDE TEILCHEN
Um die Erde herum schweben
Steine und Staub, aber auch Müll
aus der Raumfahrt.

BÄRTIERCHEN IM WELTRAUM

Ohne Schutz durch den Weltraum fliegen? Das können nur wenige Lebewesen. Bärtierchen gehören dazu. Sie sind kleiner als Sandkörner und leben überall auf der Erde. Auch bei dir in der Nähe. Bärtierchen halten sehr viel aus: Hitze, große Kälte, Trockenheit. Und sie waren sogar schon ein paar Tage im Weltraum!

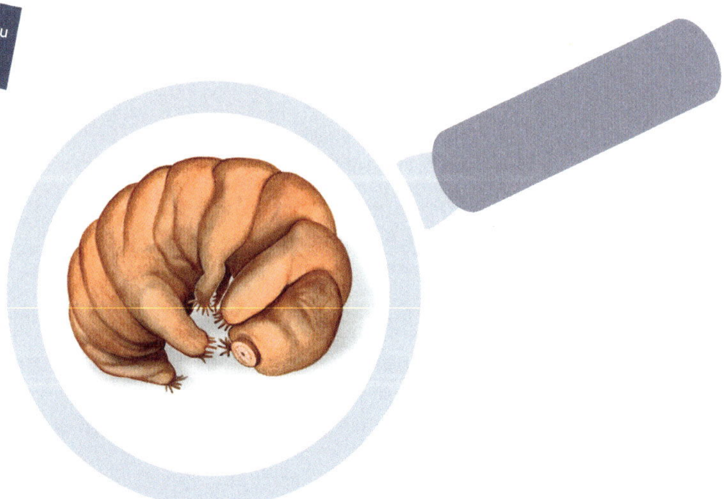

DIE BÄRTIERCHEN mögen Wasser. Sie werden deshalb auch Wasserbären genannt.

IN DER NÄHE
Bärtierchen leben im Moos. Geh mal vor die Haustür! Wo ist das nächste Moospolster?

UNENDLICH WEIT

Der Weltraum ist sehr groß. Wie groß, das wissen wir nicht. Am schnellsten kann das Licht durch den Weltraum reisen. Trotzdem braucht es von manchen Sternen bis zur Erde viele Milliarden Jahre. Um die Entfernung eines Sterns zu berechnen, messen die Forscherinnen und Forscher seine Helligkeit. Dann können sie bestimmen, wie weit der Stern weg ist.

Die Geschwindigkeit des **LICHTS** beträgt etwa 300 000 Kilometer pro Sekunde.

EINE MILLIARDE sind tausend Millionen. Als Zahl sieht eine Milliarde so aus: **1 000 000 000**.

LICHT AUS DER VERGANGENHEIT

Der hellste Stern am Nachthimmel ist Sirius, er gehört zum Sternbild Großer Hund. Das Licht von Sirius braucht etwa 9 Jahre, bis es auf der Erde ankommt. Wenn du nachts in den Himmel schaust, siehst du also Sirius, wie er vor 9 Jahren ausgesehen hat. Ein Blick zu den Sternen ist immer ein Blick in die Vergangenheit.

SIRIUS wird auch Hundsstern genannt, weil er zum Sternbild Großer Hund gehört.

DAS STERNBILD GROßER HUND ist bei uns nur im Winter gut zu sehen.

UNSER STERN: DIE SONNE

Die Sonne ist ein Stern wie viele andere.
Doch weil sie der Erde am allernächsten ist,
sieht sie für uns viel größer aus.
Das Licht braucht von der Sonne
zur Erde 8 Minuten. Mit dem Auto würde man
für diese Strecke über hundert Jahre brauchen.
Und zwar ohne Pausen!

DIE SONNE ist vor ungefähr 4,6 Milliarden Jahren aus einer Gaswolke entstanden.

DIE STRECKE von der Erde bis zur Sonne ist etwa 150 Millionen Kilometer lang.

Super gelesen

AUF ZUM RÄTSELSPAß!

Sortiere die Buchstaben in die richtige Reihenfolge.

1. Was beginnt 100 Kilometer über deinem Kopf?

W E M R A U L T

_ _ _ _ _ _ _ _

2. Wo ist dein Zuhause im Weltraum?

Ergänze die Buchstaben. So findest du das Lösungswort in den gelben Feldern.

L _ F T _ Ü L L [_]

B Ä R T I E [_] _ _ _ N

M I L L _ A R [_] E

L E B _ W [_] S _ N

Lösungswort

3. Zwischen den Sternen hat sich ein ganz besonderer Stern versteckt. Welcher? Kreise ihn ein.

S	T	E	R	N	S	T	E	R	N	S	T	E
R	N	S	T	E	R	N	S	T	E	R	N	S
T	E	R	N	S	T	E	R	N	S	T	E	R
N	S	T	E	R	N	S	O	N	N	E	S	T
E	R	N	S	T	E	R	N	S	T	E	R	N

4. Das Licht reist mit Lichtgeschwindigkeit! Wie lange braucht es von der Sonne zur Erde?

a) 2 Sekunden

b) 4 Tage

c) 8 Minuten

Lösungen: 1. Weltraum; 2. Erde; 3. Sonne; 4. c) 8 Minuten

UNSER

SONNENSYSTEM

WIE IM KARUSSELL

Bis zur Sonne wird nie jemand reisen. Kein Mensch und auch kein Bärtierchen. Die Sonne ist nämlich – wie alle Sterne – unglaublich heiß. Sie ist wie ein leuchtender, gewaltiger Ball. Um die Sonne kreisen die Planeten, fast wie in einem Karussell. Die Planeten sind viel kleiner und leuchten nicht aus sich heraus. Die Erde ist einer davon.

LEUCHTENDER BALL
Im Inneren der Sonne verschmelzen Wasserstoff-Atome zu Helium. Dabei entstehen riesige Mengen Licht und Wärme.

GEWALTIGER BALL
Die Sonne ist so groß, dass die Erde mehr als eine Million Mal hineinpassen würde.

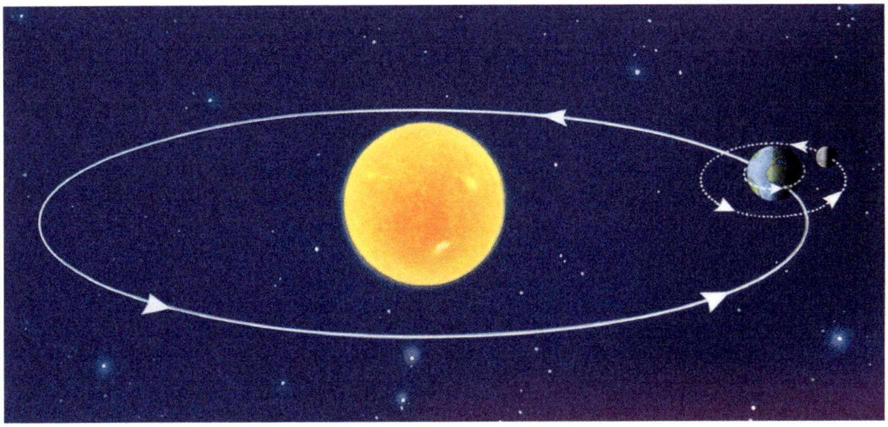

IN BEWEGUNG: DIE ERDE

Du hast bestimmt nicht das Gefühl,
dass die Erde sich bewegt.
Doch das tut sie, und zwar schnell!
Sie rast durch den Weltraum,
immer um die Sonne herum.
Für eine Runde um die Sonne braucht
die Erde ein **Jahr.** Gleichzeitig dreht
sie sich um sich selbst wie ein Kreisel.
Für eine Umdrehung braucht sie einen **Tag.**

EIN JAHR, also eine Runde um die Sonne, dauert auf der Erde 365 Tage und etwa 6 Stunden.

TAG und Nacht wechseln sich ab, weil die Erde sich dreht und immer nur eine Hälfte von der Sonne beleuchtet wird.

UM DIE ERDE: DER MOND

Und es dreht sich noch mehr!
Während die Erde um die Sonne kreist, kreist um die Erde ihr kleiner Begleiter: der Mond. Für eine Runde um die Erde braucht er etwa einen Monat.
Du hast bestimmt schon gesehen, was in dieser Zeit passiert: Der Mond nimmt zu, bis er voll erleuchtet ist. Und dann nimmt er wieder ab, bis er ganz dunkel ist.

EIN MONAT hat zwischen 28 und 31 Tage. Das Wort Monat kommt vom Wort Mond.

Mondphasen nennt man das unterschiedliche Aussehen des Mondes beim **ZU-** und **ABNEHMEN**.

JEDE MENGE KRATER

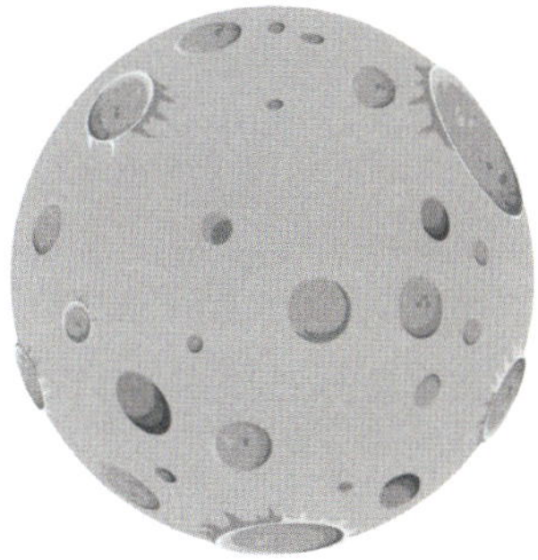

Gibt es Meere auf dem Mond?

Nein. Das dachte man früher.

In Wirklichkeit ist der Mond trocken und bedeckt mit grauem Stein und Staub. Aber es gibt dort viele flache runde Löcher, die man Krater nennt. Manche der Mondkrater sind riesig. Andere sind ganz klein.

Die großen dunklen Flächen auf dem Mond nennt man Mare.

Das ist Lateinisch und heißt **MEER**.

DIE KRATER entstehen so, wie wenn du eine Murmel in eine Schüssel mit Mehl fallen lässt. Probiers aus!

ACHT PLANETEN

Die Sonne und alles, was um sie kreist,
nennen wir unser **Sonnensystem.**
Der kleine Merkur ist der Sonne am nächsten.
Weiter außen kreisen Venus, Erde und Mars.
Diese vier **Planeten** sind eher klein.
Sie haben alle einen festen Boden.

Unser **SONNENSYSTEM** ist nicht das einzige im Weltall. Es gibt noch viele weitere Sonnensysteme, deren Planeten sich wiederum um Sonnen, also Sterne, drehen.

Schau mal oben! Die Reihenfolge der acht **PLANETEN** des Sonnensystems kannst du dir so merken: Mein Vater erklärt mir jeden Sonntag unseren Nachthimmel.

JUPITER

JEDEN

SATURN

SONNTAG

URANUS

UNSEREN

NEPTUN

NACHTHIMMEL

Weiter außen im Planetenkarussell kreisen Jupiter, Saturn, Uranus und Neptun.
Diese vier Planeten sind riesig!
Sie sind Gasplaneten. Das heißt: Sie haben keinen festen Boden. Ein Mensch könnte nicht auf ihnen herumlaufen, sondern würde einsinken wie in eine Wolke.

GAS ist alles, was so ähnlich ist wie Luft. Wenn Flüssigkeit verdampft, wird sie zu Gas.

EINSINKEN
Es wird vermutet, dass die Gasplaneten einen flüssigen oder festen Kern haben.

NACHBARIN DER ERDE

Die Venus hast du vielleicht schon einmal gesehen. Sie ist sehr hell.
Weil sie nur abends oder morgens am Himmel steht, wird sie Abendstern oder Morgenstern genannt.
Obwohl sie gar kein Stern ist!
Wie alle Planeten und der Mond wird sie von der Sonne angestrahlt.
Und nur deshalb leuchtet sie.

Alle Planeten haben ihre Namen von römischen Göttern oder Göttinnen. **VENUS** ist die Göttin der Liebe und Schönheit.

Wie der Mond ist die Venus **VON DER SONNE** nicht immer voll beleuchtet, sondern manchmal nur halb oder als Sichel.

Die Venus ist fast genauso groß wie die Erde.

Aber es sieht dort ganz anders aus.

Aus vielen Vulkanen fließt Lava.

Es ist heißer als in einem Backofen.

Dichte Wolken umhüllen den Planeten.

Aus den Wolken tropft Säure. Ob es dort Lebewesen gibt? Das ist eine spannende Frage, die noch erforscht werden muss.

LAVA
heißt die flüssige Steinmasse, die aus einem Vulkan fließt.

SÄURE schmeckt sauer und kann viele Materialien auflösen. Die Magensäure verdaut z.B. unser Essen.

NOCH EIN NACHBAR

Der Mars ist bedeckt von Steinen und Staub.
In den Steinen ist Eisen, und Eisen rostet.
Das kennst du vielleicht von alten Fahrrädern.
Und weil Rost rot ist, ist auch der Mars rot.
Auf dem Mars konnten schon Raumsonden
landen und Mars-Rover herumfahren.
Aber Menschen waren noch nicht dort.

DER MARS-ROVER
Im Februar 2021 ist auch wieder ein Rover auf dem Mars gelandet. Er wurde mit einer Rakete dorthin geflogen und schickt uns Fotos und sogar Geräusche vom Mars.

RAUMSONDEN sind kleine Geräte ohne Menschen an Bord. Sie erforschen den Weltraum.

EIN RIESE MIT FLECK

Jupiter ist der größte Planet, der um die Sonne kreist. Helle und dunkle Wolken ziehen um ihn herum. An einer Stelle bilden sie einen riesigen Wirbel: den Großen Roten Fleck. Dieser Wirbelsturm ist größer als die Erde! Und während die Erde einen einzigen Mond hat, kreisen um Jupiter über 70 Monde.

Wenn sich Luft oder Wasser im Kreis drehen, entsteht ein **WIRBEL**.

DIE JUPITERMONDE
Die vier größten Monde des Jupiters heißen Io, Europa, Ganymed und Kallisto. Ganymed ist sogar größer als der Planet Merkur.

Die Jupitermonde hat der Forscher Galileo Galilei vor über 400 Jahren entdeckt. Sie schweben als helle Pünktchen um Jupiter herum.

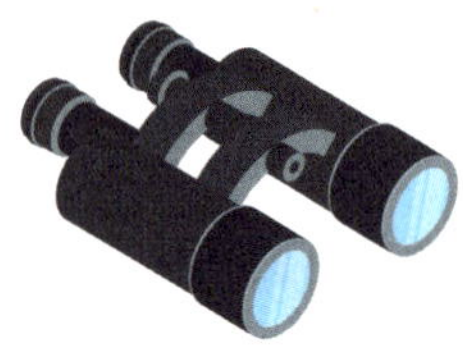

Leichter ist es, den Mond der Erde zu beobachten. Schau doch mal mit einem Fernglas oder Fernrohr hinauf! Am besten siehst du seine Krater, wenn er halb beleuchtet ist.

GALILEO GALILEI war der Erste, der mit einem Fernrohr den Himmel beobachtete. Er entdeckte die Jupitermonde und vieles mehr.

GALILEO lebte von 1564-1642 in Italien. Er stellte auch fest, dass die Erde um die Sonne kreist. Damals dachten die Menschen noch, dass es andersherum ist.

RIESE DER RINGE

Was am Saturn sofort auffällt, sind seine Ringe. Die kannst du schon mit einem kleinen Fernrohr von der Erde aus sehen. Die Ringe bestehen aus sehr vielen Eis- und Steinbrocken, die um den Saturn kreisen. Auch Jupiter, Uranus und Neptun haben Ringe. Die sind nur nicht so deutlich zu sehen.

EIN FERNROHR kann man auch Teleskop nennen. Durch ein Fernrohr siehst du weit entfernte Dinge größer.

EIN FERNGLAS ist ein doppeltes Fernrohr für beide Augen.

HINAUS AUS DEM SONNENSYSTEM

Im Jahr 1977 wurde die Raumsonde Voyager 1 von der Erde in den Weltraum geschickt. Sie flog am Mars vorbei, am Jupiter, Saturn, Uranus, Neptun und an den anderen Himmelskörpern, die weiter draußen um die Sonne kreisen. Im Jahr 2012, also 35 Jahre nach ihrem Start, verließ die Raumsonde unser Sonnensystem.

Und jetzt?

1977 kam der erste Star-Wars-Film in die Kinos und es gab die ersten Computer für zu Hause zu kaufen.

VOYAGER 1 verließ als erstes von Menschen gemachtes Ding unser Sonnensystem.

Jetzt ist die Sonde weiter durch den Weltraum unterwegs. Sie fliegt inzwischen durch den interstellaren Raum, also den Raum zwischen den Sternen.

Der Stern, der unserer Sonne am nächsten ist, heißt Proxima Centauri. Das Licht braucht von ihm zu uns etwa 4 Jahre. Bis die Sonde so weit gekommen ist, werden noch viele tausend Jahre vergehen.

PROXIMA CENTAURI ist mit bloßem Auge nicht zu sehen. Unser Nachbarstern ist viel kleiner als die Sonne und leuchtet nur schwach.

INTERSTELLAR kommt aus dem Lateinischen und heißt zwischen den Sternen.

Super gelesen

AUF ZUM RÄTSELSPAß!

1. Was kreist um die Sonne?

Sortiere die Himmelskörper!
Beginne mit dem, der am nächsten an der Sonne ist.
Die Buchstaben verraten dir die Lösung.

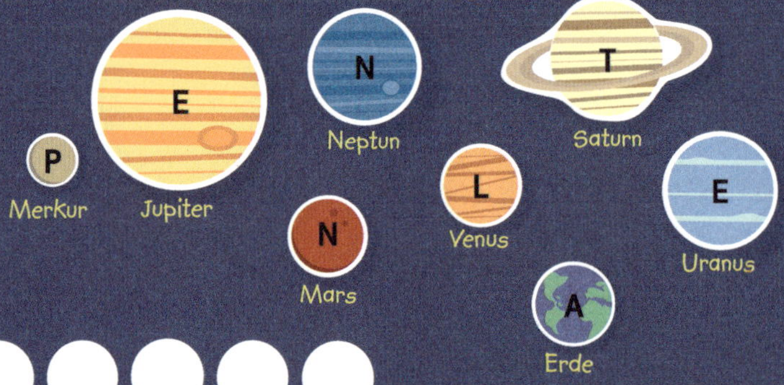

1 2 3 4 5 6 7 8

2. Welches Wort fehlt im Gedicht?

Die Erde hat nur einen.
Der Merkur, der hat keinen.
Jupiter hat jede Menge.
Um ihn herrscht richtiges Gedränge!
Vom Mensch sind alle unbewohnt.
Von wem rede ich? Vom _ _ _ _ !

3. Wie nennt man Raumfluggeräte ohne Menschen an Bord, die den Weltraum erforschen?

a) ◯ RAUMSORTEN

b) ◯ RAUMSONNEN

c) ◯ RAUMSUCHER

d) ◯ RAUMSONDEN

4. Hoppla! Im Fernrohr steht das Bild manchmal auf dem Kopf, ist spiegelverkehrt oder beides. Was ist hier durch das Fernrohr zu sehen?

Lösung: ◯◯◯◯◯

Lösungen: 1. Planeten; 2. Mond; 3. d) Raumsonden; 4. Venus

IM WELTRAUM

FORSCHEN

DIE ERSTEN MENSCHEN AUF DEM MOND

Marsmenschen? Jupitermenschen?
Nein, die gab es noch nicht.
Der Mond ist außer der Erde der einzige Himmelskörper, auf dem schon Menschen gewesen sind.
Die allerersten waren im Jahr 1969 Neil Armstrong und Buzz Aldrin.

NEIL ARMSTRONG
spricht man „Niel Armstrong".
Er stieg als Erster aus der Mondlandefähre aus.

BUZZ ALDRIN
spricht man „Bass Oldrin".
Buzz ist ein Spitzname.
Eigentlich heißt er Edwin.

Etwa zwei Stunden hüpften die beiden Astronauten auf dem Mond herum, sammelten Steine und machten Fotos. Das Springen ist auf dem Mond viel einfacher als auf der Erde. Weil der Mond kleiner ist, hat er eine geringere Schwerkraft, und man hüpft viel höher. Die Fußabdrücke der Astronauten sind vermutlich immer noch da, denn auf dem Mond gibt es weder Wind noch Regen. Die Abdrücke werden also nicht verwischt oder verweht.

DIE SCHWERKRAFT
ist die Anziehungskraft eines Himmelskörpers. Der Mond ist viel kleiner als die Erde, deshalb ist auch seine Anziehungskraft kleiner.

VERWISCHT UND VERWEHT
Wenn Raumfahrzeuge auf dem Mond landen, wirbeln sie allerdings jede Menge Staub auf.

3-2-1-0: START!

Um in den Weltraum zu fliegen, muss man der **Anziehungskraft** der Erde entkommen, die alles festhält. Das schafft man nur mithilfe einer Rakete. Der **Raketenantrieb** schiebt die Rakete von der Erde weg, aber der Treibstoff dafür braucht viel Platz. Deshalb sind Raketen so groß.

DIE ANZIEHUNGSKRAFT
bewirkt, dass von der Erde nichts herunterfällt. Genauer heißt diese Kraft: Gravitation.

DER RAKETENANTRIEB
In der Rakete wird Treibstoff verbrannt. Dabei entstehen heiße Gase. Die schießen unten heraus und treiben die Rakete nach oben.

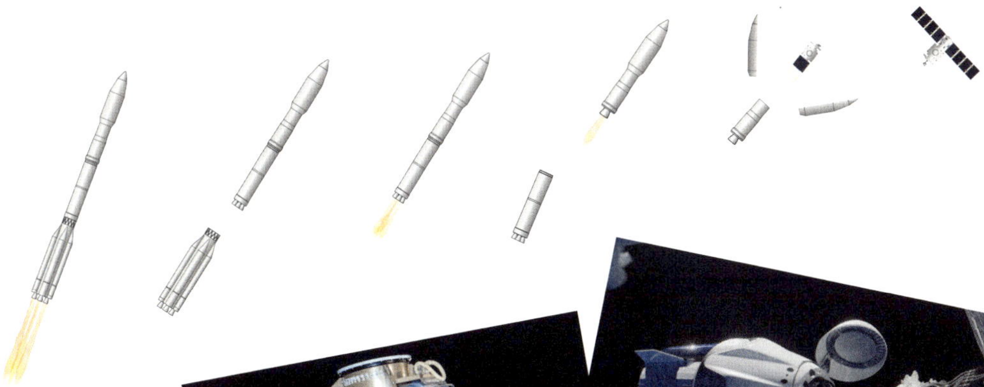

DIE ERSTE MONDRAKETE

Die erste Mondrakete bestand aus drei Stufen. Jede Stufe hatte einen Tank mit Treibstoff und ein Triebwerk. Die Stufen wurden nacheinander gezündet, brannten aus und wurden dann abgeworfen. Die Astronauten saßen in einer kleinen Kapsel in der Spitze der Rakete und landeten mit einer extra Mondlandefähre.

DIE MONDRAKETE

Die Rakete startete vom Kennedy Space Center in Florida und benötigte drei Tage, um die Mondumlaufbahn zu erreichen.

DIE MONDLANDEFÄHRE

Die Mondlandefähre hatte den Namen Eagle, das heißt auf deutsch Adler.

BRUCHLANDUNG

Auf dem Mond sind auch schon Bärtierchen gelandet. Bärtierchen können sich nämlich über viele Jahre in einen Ruhezustand versetzen, wenn sie kein Wasser bekommen. Allerdings ist bei der Sonde, die sie auf dem Mond absetzen sollte, der Motor ausgefallen und es gab eine Bruchlandung. Ob die Bärtierchen überlebt haben? Möglich ist es.

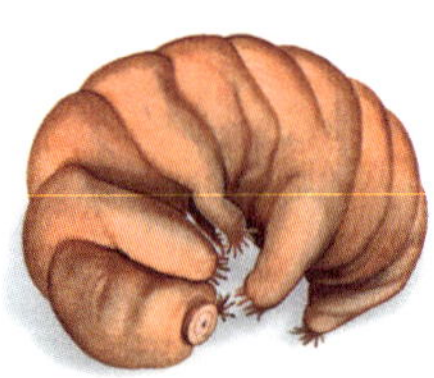

IM RUHEZUSTAND rollen die Bärtierchen sich ganz klein zusammen und atmen nicht mehr. Sie scheinen tot, können aber wieder aufgeweckt werden.

Wahrscheinlich haben sie trotzdem nicht sehr lange **ÜBERLEBT**, weil die Strahlung im Weltall zu stark ist.

ASTRONAUTEN-TRAINING

Ein Flug in den Weltraum ist anstrengend. Astronautinnen und Astronauten müssen deshalb sehr fit sein. Und alles wird vorher geübt. Für die Schwerelosigkeit trainieren sie unter Wasser.
In einer Zentrifuge gewöhnen sie sich an den Druck und die Beschleunigung beim Raketenstart. Und sie spielen alle möglichen Notfälle durch.

ASTRONAUTINNEN UND ASTRONAUTEN
Andere Wörter sind Raumfahrerinnen und Raumfahrer oder Kosmonautinnen und Kosmonauten.

EINE ZENTRIFUGE ist eine Art superschnelles Karussell.

ARBEIT AUF DER RAUMSTATION

Der wichtigste Arbeitsplatz für Astronautinnen und Astronauten ist die Internationale Raumstation ISS.

Die Raumstation kreist in 400 Kilometern Höhe um die Erde.

Das ist nicht besonders hoch.

Bis zum Mond sind es etwa 400 000 Kilometer!

INTERNATIONAL bedeutet, dass die Station mehreren Ländern zusammen gehört.

DIE RAUMSTATION besteht aus einzelnen Teilen, die im Weltraum zusammengebaut wurden. Sie ist etwa so groß wie ein Fußballfeld.

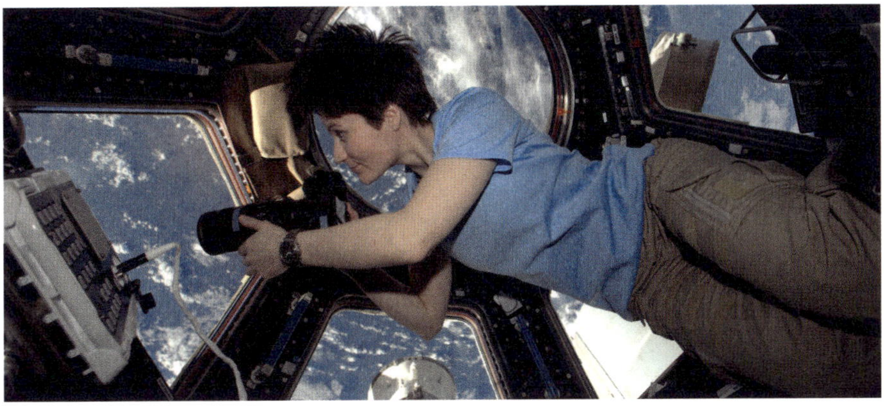

Für eine Runde um die Erde braucht die ISS eineinhalb Stunden. Du kannst sie morgens oder abends am dunklen Himmel vorbeifliegen sehen: Ein heller Punkt, der sich recht schnell bewegt. Auf ihr arbeiten Leute aus der ganzen Welt, meistens 6 gleichzeitig. Alle paar Monate wechseln sie sich ab.

ISS ist die englische Abkürzung für International Space Station, auf Deutsch: Internationale Raumstation.

VORBEIFLIEGEN
Weil die ISS so schnell um die Erde kreist, geht dort pro Tag 16 mal die Sonne auf und unter.

FORSCHEN AUF DER ISS

Auf der Raumstation wird geforscht:
Wie sich der Körper verändert,
wenn er ständig in der Schwerelosigkeit ist.
Oder über das Klima auf der Erde. Die Sonne
wird beobachtet. Metalle und Pflanzen
werden in der Schwerelosigkeit untersucht.
Ob Bärtierchen auch schon bei den Forschungen
dabei waren? Nun, Fruchtfliegen waren es.

Der menschliche **KÖRPER** verändert sich in der Schwerelosigkeit. Zum Beispiel werden Knochen brüchiger und Muskeln verlieren an Kraft.

Die ersten Lebewesen im All waren **FRUCHTFLIEGEN**. Sie flogen 1947 mit einer Rakete durch den Weltraum.

LEBEN AUF DER RAUMSTATION

Auf der ISS muss alles befestigt werden, sonst schwebt es herum: Essen, Wasser, Werkzeuge. Geschlafen wird im Schweben, festgeschnallt in einem Schlafsack. Und das Klo hat eine Art Staubsauger eingebaut, damit alles, was da rein soll, auch wirklich darin landet.

DAS ESSEN sollte auf der ISS nicht zu klein sein. Stell dir vor, was passieren würde, wenn du dort einen Salzstreuer schüttelst!

VERSCHÜTTETES WASSER schwebt in runden Tropfen.

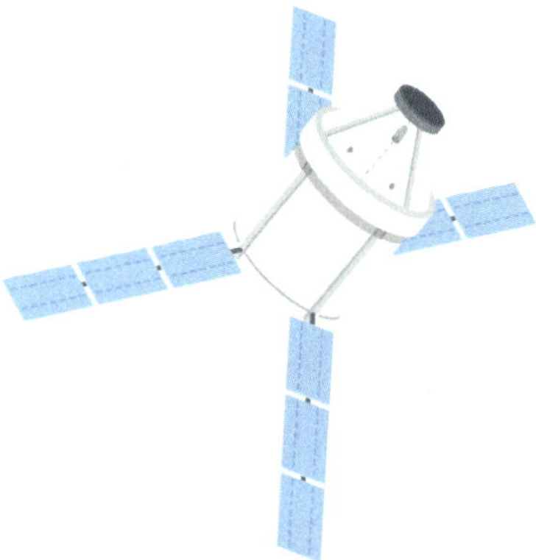

KLEIDUNG UND PIPI

Ihren Strom bekommt die Raumstation über Solarzellen.
Aber Nahrung, Kleidung und alles, was sonst gebraucht wird, wird von der Erde gebracht. Wasser ist besonders wichtig. Es wird auf der ISS zum Teil wieder aufbereitet. Das heißt: Aus Waschwasser, Pipi und Schweiß wird sauberes Trinkwasser gemacht.

DIE SOLARZELLEN machen aus Sonnenlicht elektrischen Strom. Bestimmt hast du sie schon mal auf einem Hausdach gesehen.

DIE KLEIDUNG wird auf der ISS nicht gewaschen. Wenn sie stinkt, kommt sie in den Müll.

Sobald Astronauten die ISS verlassen, müssen sie ihren Raumanzug anziehen. Damit sie nicht wegschweben, werden sie durch eine Leine gesichert. So können sie außen Reparaturen durchführen oder neue Bauteile anbringen. Was das wohl für ein Gefühl ist, so über der Erde zu schweben?

EIN RAUMANZUG ist weiß, damit es darin nicht zu heiß wird, denn Weiß wirft das Sonnenlicht zurück.

DIE REPARATUREN an der ISS sind immer wieder nötig, zum Beispiel an dem Roboterarm, der unbemannte Versorgungsraketen einfängt.

Super gelesen

AUF ZUM RÄTSELSPAß!

1. Was fliegt da?

Die Buchstaben, die sich im Wort WELTRAUM versteckt haben, verraten dir die Lösung. Markiere sie dir.

W	R	E	L	T	R	A	U	M
W	E	L	A	T	R	A	U	M
W	E	L	T	K	R	A	U	M
W	E	L	T	R	E	A	U	M
W	E	L	T	R	A	T	U	M
W	E	L	T	R	A	U	E	M

2. Was ist auf der Raumstation ISS ganz anders als auf der Erde? Dort ist alles:

a) ◯ UNSICHTBAR

b) ◯ SCHWERELOS

c) ◯ MAGISCH

UMRA

PERSU

ERFEU

NENBIE

3. Welchen Anzug tragen Astronautinnen und Astronauten im Weltraum?

Wähle den gesuchten Anzug und schreibe die Buchstaben in der richtigen Reihenfolge in die Kästchen.

ZUGAN

1	2	3	4	5	6	7	8	9
				A	N	Z	U	G

4. Was gehört zusammen?

Finde die Wörter, die zusammengehören und verbinde sie miteinander!

Training

Raum

Solar

Landung

Astronauten

Bruch

Zellen

Station

Lösungen: 1. Rakete; 2. b) schwerelos; 3. Raumanzug; 4. Solarzellen, Astronautentraining, Bruchlandung, Raumstation

DEIN BLICK

IN DEN WELTRAUM

VOM HIMMEL GEFALLEN

Wenn du nachts in den Himmel schaust, kannst du mit etwas Glück eine Sternschnuppe sehen. Ein heller Strich! – Und schon wieder weg. Schnell vorbei. Aber wunderschön.

Sternschnuppen sind kleine Steine und Staubteilchen aus dem Weltraum, die in die Lufthülle der Erde geraten.

Um den 12. August herum fallen besonders viele **STERNSCHNUPPEN**, denn dann fliegt die Erde jedes Jahr durch eine Wolke aus Staub.

Die Lufthülle der Erde bremst **DIE STAUBTEILCHEN** stark ab. Dadurch werden sie sehr heiß.

Dort fangen sie an zu glühen.
Die Luft um sie herum leuchtet auf.
Die meisten dieser Teilchen sind winzig
und verglühen fast sofort.
Aber manche größere Brocken lösen
sich nicht ganz auf, sondern fallen
hinunter auf die Erde. Diese Steine aus
dem Weltall nennt man Meteorite.

VERGLÜHEN
Etwas Festes wird so heiß,
dass es zu Gas verdampft.

DER METEORIT
Es gibt Steinmeteorite,
Eisenmeteorite und
Stein-Eisen-Meteorite.

WANDERER DURCHS SONNENSYSTEM

Besonders schön sind Kometen. Sie bestehen aus Eis, Staub und Steinen. Diese schmutzigen Schneebälle wandern durchs Sonnensystem. Die meisten kreisen ganz außen, weit hinter Neptun. Ab und zu kommt einer auf seinem Weg näher an die Sonne heran. Dann beginnt er zu schmelzen und es bildet sich ein Schweif, der toll aussieht.

KOMETEN werden auch Schweifsterne genannt. Viele Kometen kommen immer wieder an der Erde vorbei.

SCHWEIF nennt man bei einem Kometen den Schleier aus Staub und Gas.

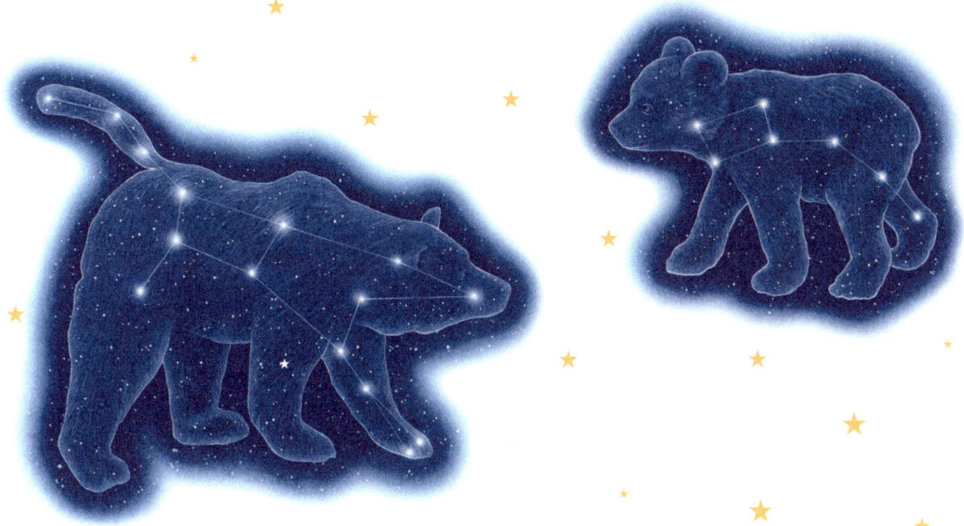

STERNBILDER

Am Himmel sind so viele **Sterne!**

Auf den ersten Blick kann man sich da nur schwer zurechtfinden. Deshalb haben die Menschen die **Sternbilder** erfunden.

Sehen diese Sterne nicht aus wie zwei Löffel? Oder wie zwei Bollerwagen? Oder wie Bären? So kannst du dir die Sterne leichter merken und dich nachts an ihnen orientieren.

STERNE beobachten kannst du am besten bei dunklem Himmel ohne Wolken. Straßenlampen und andere Lichter stören.

DIE STERNBILDER sind einfach nur Fantasie. Die Sterne in einem Sternbild haben miteinander sonst nichts zu tun.

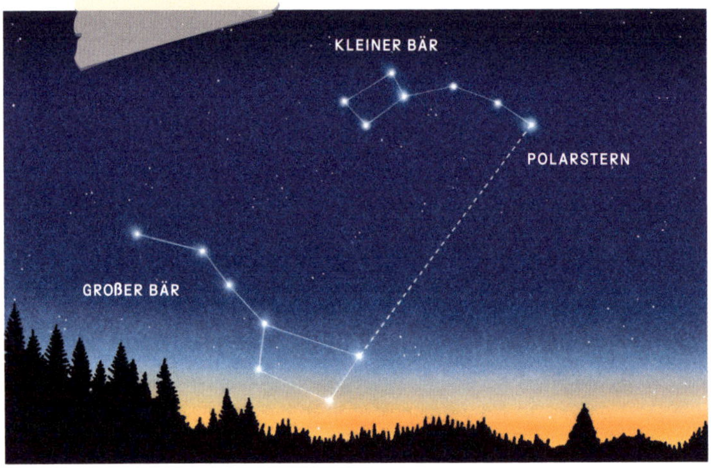

ZWEI BÄREN UND DER POLARSTERN

Der **Große Bär** ist eines der bekanntesten Sternbilder. Von ihm aus findet man leicht den Polarstern. Dieser gehört zum Sternbild des Kleinen Bären.

Der **Polarstern** bleibt von uns aus gesehen als einziger Stern die ganze Nacht an derselben Stelle. Alle anderen wandern um ihn herum.

Im Sternbild **GROẞER BÄR** gibt es sieben Sterne, die auch als Großer Wagen bekannt sind. Der Kleine Bär heißt auch Kleiner Wagen.

DER POLARSTERN wird auch Nordstern genannt, weil er immer im Norden steht. Mit seiner Hilfe kannst du nachts die Himmelsrichtungen ermitteln.

STERNBILDER IM NORDEN UND SÜDEN

Nicht alle Sternbilder sind immer und von überall zu sehen. Wenn du von der Nordhalbkugel der Erde in den Weltraum schaust, siehst du andere Sterne als von der Südhalbkugel. Auch die Jahreszeiten machen einen Unterschied.

Auf der **NORDHALBKUGEL**, also der nördlichen Hälfte der Erde, liegen Nordamerika, Europa, Asien und der nördliche Teil Afrikas.

Auf der **SÜDHALBKUGEL** sind der südliche Teil Afrikas, der größte Teil Südamerikas, Australien und die Antarktis.

JÄGER ORION UND KÖNIGIN KASSIOPEIA

Im Winter kannst du von Deutschland aus gut das Sternbild **Orion** beobachten. Orion ist ein Jäger mit einem breiten Gürtel aus drei Sternen. Sein Sternbild ähnelt dem Buchstaben H.

Das ganze Jahr über zu sehen ist das Sternbild der Königin **Kassiopeia.** Es sieht aus wie ein großes W.

Entdeckst du eines der Sternbilder am Himmel?

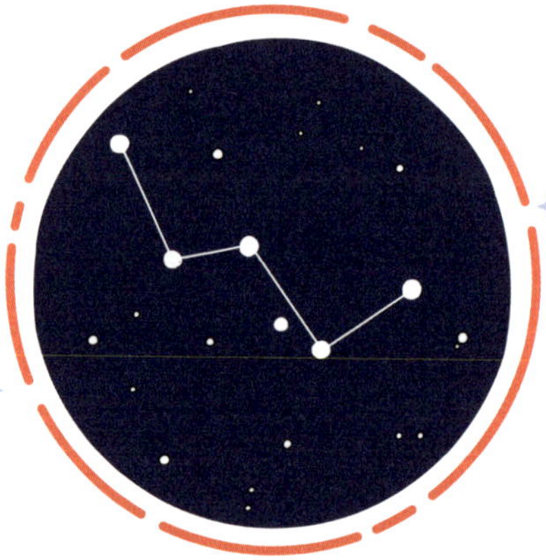

Im Sternbild **ORION** gibt es sehr helle Sterne. Mehrere davon leuchten blau, einer leuchtet rot.

KASSIOPEIA wandert gegenüber vom großen Bären um den Polarstern herum.

UNSERE GALAXIE

In sehr dunklen, klaren Nächten siehst du ein wunderschönes, zartes Band aus Sternen, das sich über den Himmel zieht. Das ist die Milchstraße. Sie gibt unserem Sternensystem seinen Namen: die Milchstraßen-Galaxie.
Zu ihr gehören etwa 250 Milliarden Sterne.
Unsere Sonne ist einer davon.

DIE MILCHSTRAßE heißt so, weil sie ein bisschen aussieht, als hätte jemand Milch über den Himmel verspritzt.

EINE GALAXIE ist eine Ansammlung von Sternen, die zusammengehören.

IN DER FERNE

Kannst du dir vorstellen, dass es im Weltraum noch Milliarden andere Galaxien wie die Milchstraße gibt? Und jede davon besteht aus Milliarden von Sternen! Unsere Nachbargalaxie ist die Andromeda-Galaxie. Sie ist unserer Galaxie ziemlich ähnlich. Auch dort gibt es Sterne, um die Planeten und Monde kreisen.

GALAXIEN gibt es in verschiedenen Formen. Manche sehen aus wie flache Wirbel, andere wie dicke Pfannkuchen.

DIE ANDROMEDA-GALAXIE können wir von der Erde gerade noch erkennen. Nichts, was du mit deinen Augen sehen kannst, ist weiter entfernt.

Ob es irgendwo auf einem dieser
Himmelskörper außerirdisches Leben gibt?
Wesen wie Bärtierchen vielleicht,
die Säureregen mögen? Oder welche, die
aussehen wie auf dem Bild unten?
Es kann sein.
Aber wir wissen es nicht.
Noch nicht.
Vielleicht willst du das später
mal erforschen?

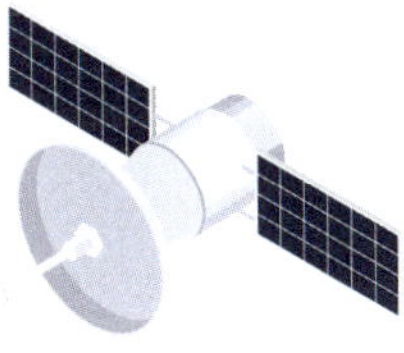

AUßERIRDISCH bedeutet,
dass etwas nicht von der Erde ist.

Super gelesen

AUF ZUM RÄTSELSPAß!

1. Wenn du so eine sieht, darfst du dir was wünschen!

Entdeckst du sie am Nachthimmel?

H I M M E L M O N D H I M
M E L W O L K E H I M M E
L N A C H T S H I M M E L
S T E R N S C H N U P P E
F L U G Z E U G S T E R N

2. Auf einem Foto siehst du KEINEN Meteoriten. Sondern es ist was?

Die Buchstaben unter den Meteoriten verraten dir die Lösung.

K

A

O

E

T

M

Lösung

3. Dieses Sternbild sieht aus wie ein W. Welches Sternbild ist es?

a) GROßER BÄR

b) KLEINER BÄR

c) KASSIOPEIA

d) ORION

4. Erkennst du den Namen der Galaxie?

+

Lösung:

Lösungen: 1. Sternschnuppe; 2. Komet; 3. c) Kassiopeia; 4. Milchstraße

Bildnachweis
l = links, r = rechts, M = Mitte, o = oben, u = unten
Jochen Windecker: 10r, 19, 31o, 49, 55r, 55l, 56o, 61r;
25r mauritius images / Science Source; 29r imago/StockTrek Images; 30 picture alliance/ASSOCIATED PRESS; 36o akg / Science Photo Library; 39l mauritius images / Photology1971 / Alamy; 43o mauritius images / NASA Photo / Alamy; 44 picture alliance / ZUMAPRESS.com; 45 imago images/ZUMA Wire;
Shutterstock.com: 19 STUDIO 22/23o; 3Dsculptor 38r; Agor2012 48; alexnako 8; Andrey Armyagov 9; ArnaPhoto 4u, 22u; Artsiom P 47u; Artsiom Petrushenka 19; AstroStar 24u, 51; BEST-BACKGROUNDS 39r; Bjoern Wylezich 53, 62M, 62O, 62T; Delpixel 20; Digital Images Studio37u; Dilen 28u; Dima Zel 40o, 42o; Dmitriy_Danilov 54; eakglory 25l, 26l, 27l, 29l; Erkki Makkonen 12; evasabrekova 44 (Tube, Apfel, Stift); faboi 52; Flas100 11 (Klebestreifen); FooTToo 63l; Gaidamashchuk 18; Gajus 28r; Geermy 50; Grapict Studio 56u; happyholla 21 (Rahmen); Ismagilova 28l; junyanjiang 62E; kearia VNS, 32 (Planeten); luceluce 63o; Macrovector 46r, 61l; MarcelClemens 62K; Matvienko Vladimir 1 (Banner); Mevan 29o; MF production10 (Lupe); muratart 62A; NASA images 26r; NatsukiYoshino 5 (Sternchen), 61 (Aliens); nusriiez 5 (Sonne); Olesya.miro 58r, 58l; PlanilAstro 60r; Professional Bat 1 (Astronaut), 4o, 8 (Astronaut), 10l, 14, 21o, 21l, 27u, 31r, 37o, 42u, 47o, 57u, 60l, 64; Sandro Pavlov 41u; sersupervector 32/33; SkyPics Studio 5 (Wolke), 8 (Erde), 26u, 36u, 38l, 40u, 41o, 43M, 43u, 46l; sripfoto 11; StockAppeal 57o; svtdesign 29u; Tanawat_intawong 5 (Rakete); tanuha2001 63r; Teemu Tretjakov 59; tereez 20/21; Triff 6/7, 13; Vadim Sadovski 16/17, 26M, 27r, 34, 35; vellot 39o; VikiVector 23u, 31l, 36M, 38u

Bibliografische Information der Deutschen Nationalbibliothek
Die Deutsche Nationalbibliothek verzeichnet diese Publikation in der Deutschen Nationalbibliografie; detaillierte bibliografische Daten sind im Internet über http://dnb.dnb.de abrufbar.

 D C B A
Bibliographisches Institut GmbH,
Mecklenburgische Straße 53, 14197 Berlin

Redaktionelle Leitung
Simone Bahrenberg, Ina Koslowski, Kathrin Schwarz
Redaktion
Steffi Korda, Büro für Kinder- & Erwachsenenliteratur, Hamburg
Autorin
Cee Neudert
Illustrationen
Jochen Windecker

Herstellung Maike Häßler, Uwe Pahnke
Layout und Satz formlabor, Hamburg
Umschlaggestaltung Kathrin Keienburg-Rees, Freiburg
Umschlagabbildungen Dima Zel/Shutterstock.com (Foto), Creative Stall from Noun Project (Icon Lesen), Dorina Tessmann (Rückenbild)
Druck und Bindung Firmengruppe APPL
Senefelderstraße 3–11, 86650 Wemding
Printed in Germany

ISBN 978-3-411-78002-0
www.duden.de

PEFC
PEFC/04-32-0928

PEFC zertifiziert
Dieses Produkt stammt aus nachhaltig bewirtschafteten Wäldern und kontrollierten Quellen.
www.pefc.de

MERKUR
MOND
ERDE
JUPITER
URANUS